Super Action Fun Pad

CODE BREAKERS TIMES TABLES

6-8

Secret code - mark 4
Use this code to work out the words on the next three pages.

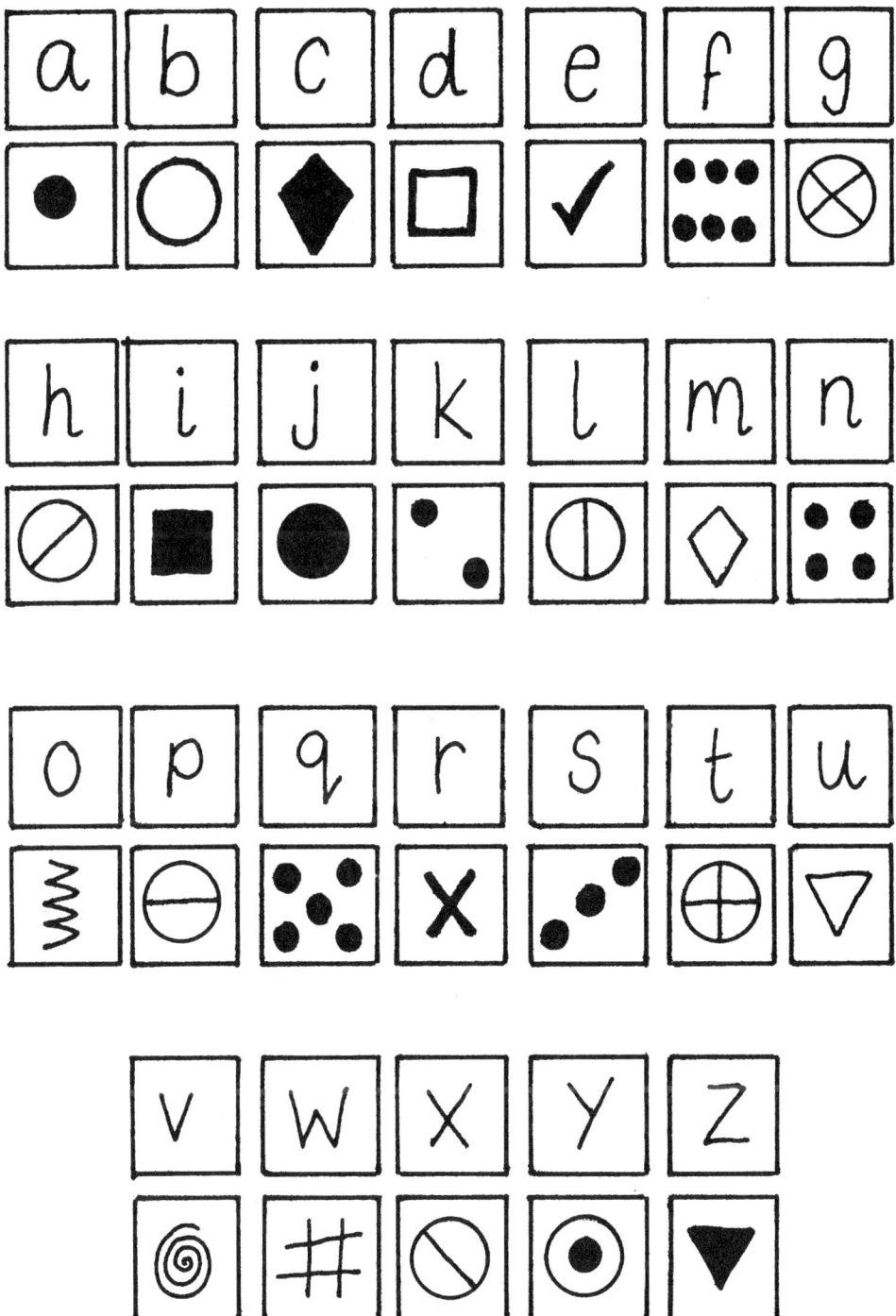

Break the code and write the words on the lines to work out your shopping list.

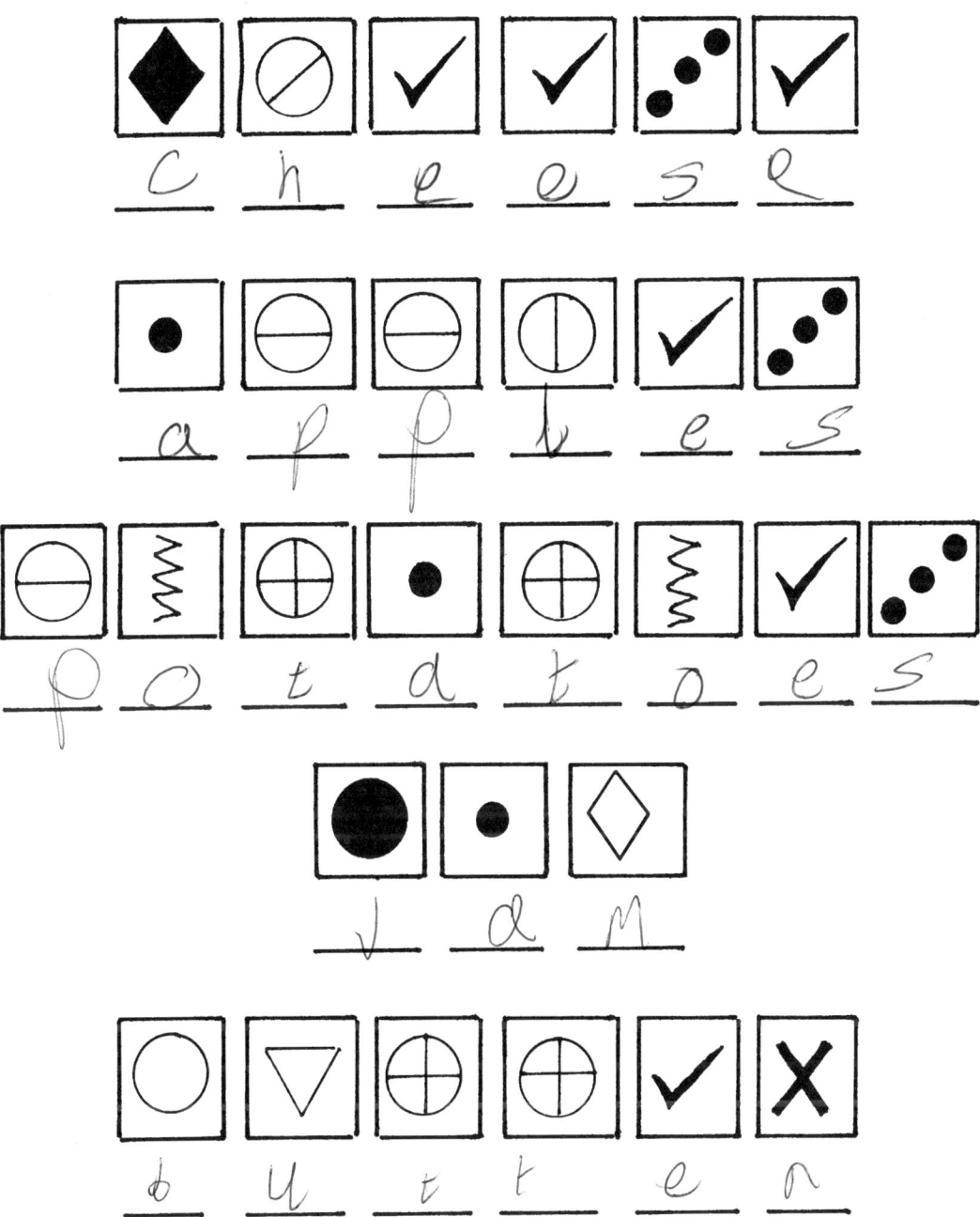

Break the code and write the words in each box.
Draw lines from the pictures to their coded words.

Break the code and write the numbers on the lines.
Do the sum. Draw the code in the boxes and write the answer on the lines.

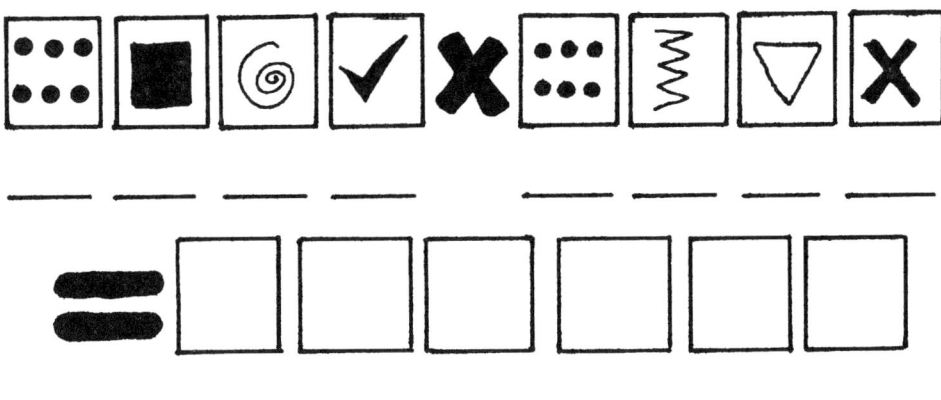

Break the code and do the sum, then write the answer in the boxes.

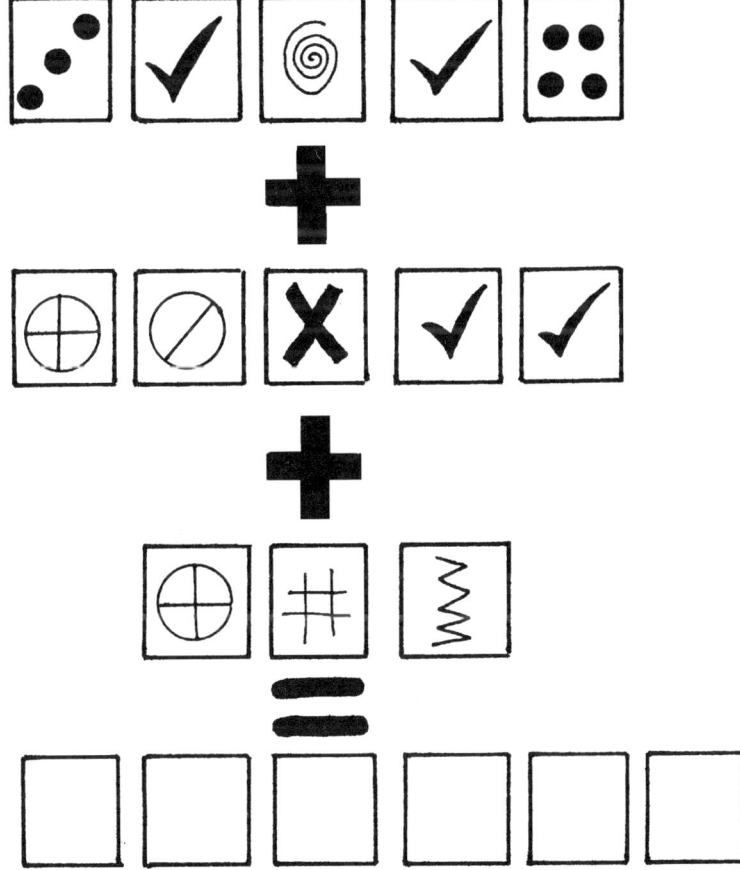

Secret code - mark 5

Use this code to work out the words on the next three pages. First you will have to fill in the alphabet by writing the letters in the boxes.

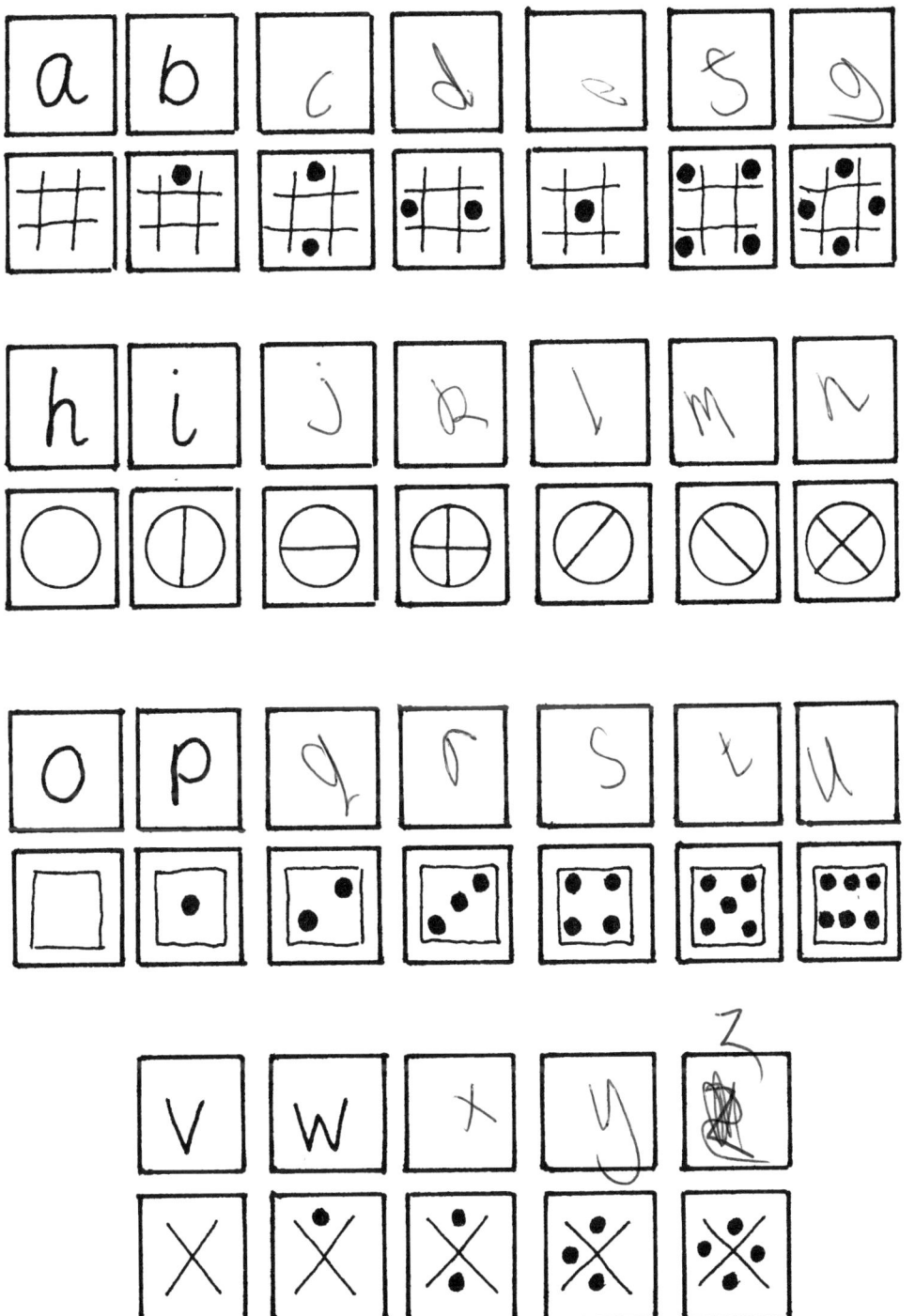

Check the code before you begin to break this secret message.

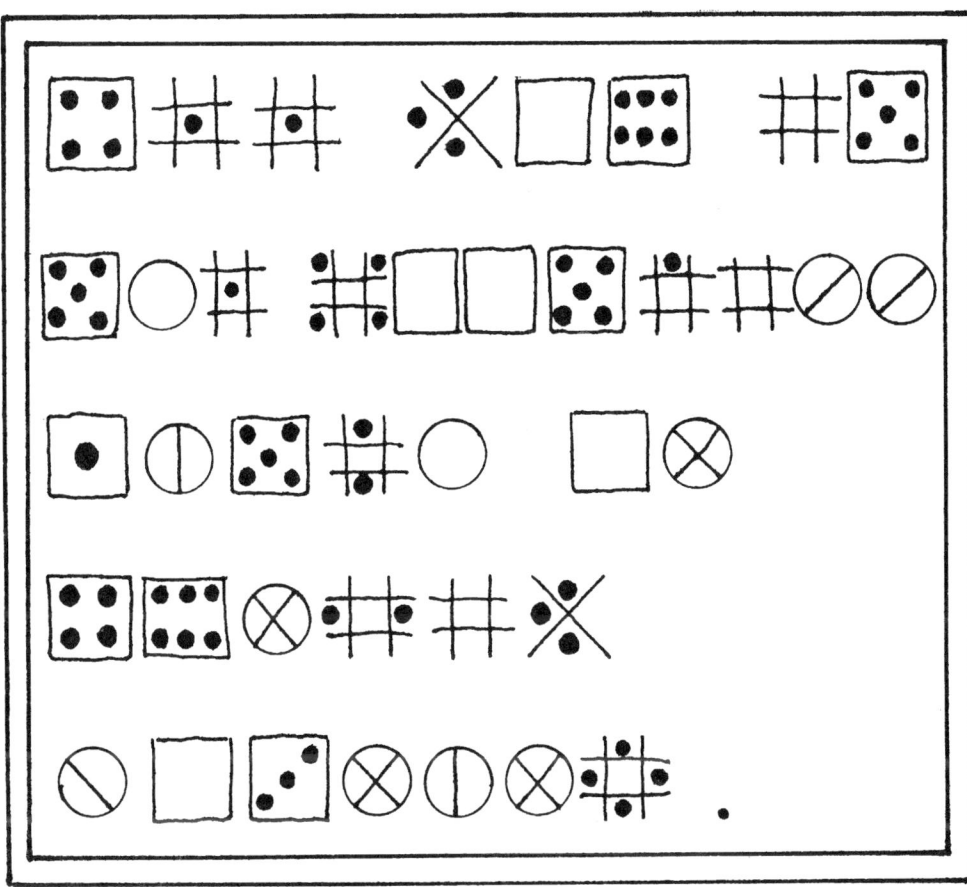

Write the message here:

Break the code and write the words under the boxes.
Draw lines from the pictures to the coded words.

Break the code to find out the names of some trees.
Write the answers in the boxes.

Secret code - mark 6

Use this code to work out the words on the next two pages.

Break the code to find out this secret message.

Write the words here:

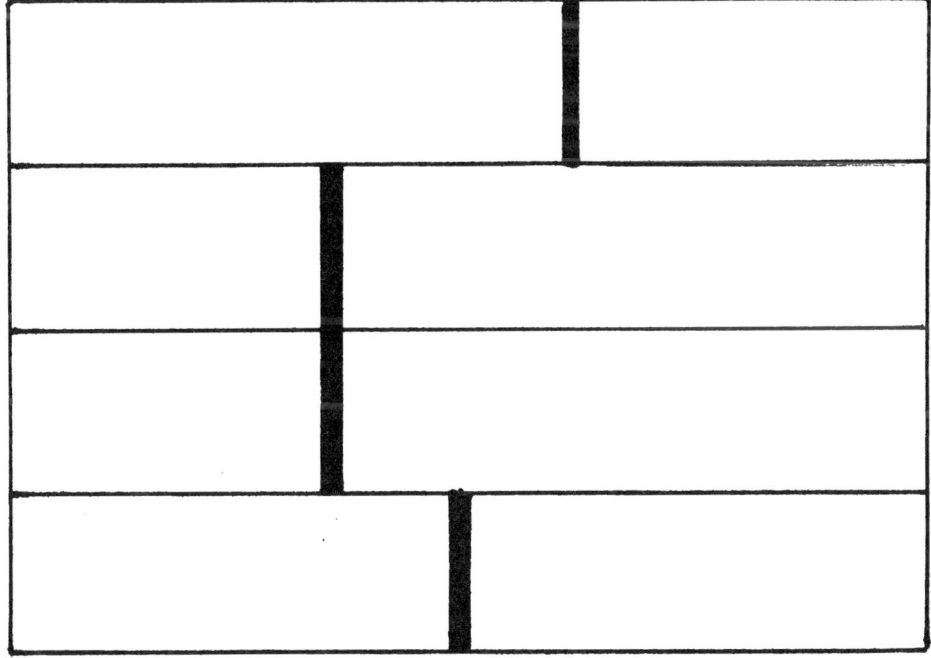

Break the code and write the words on the lines to discover what you will find on a farm.

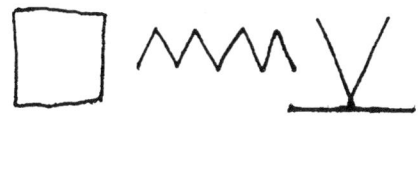

_____

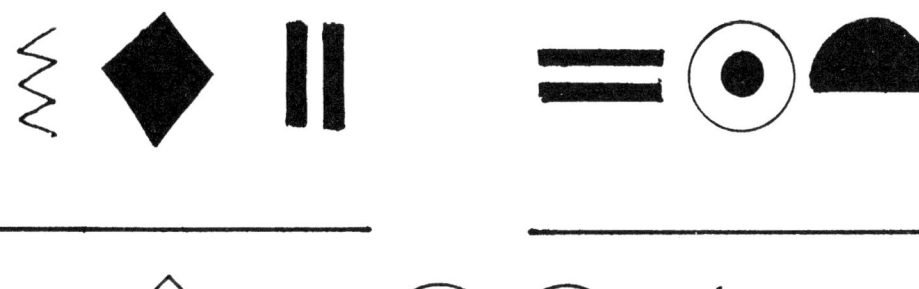

_____   _____

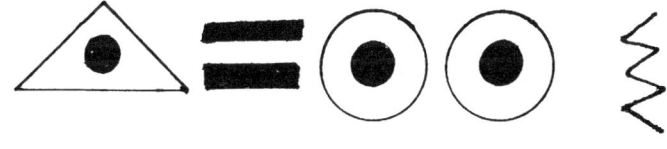

_____

_____

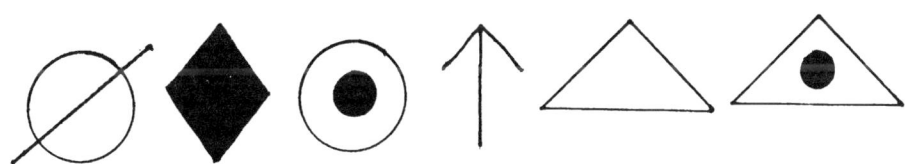

_____

1 times table

Learn the 1 times table so that you can remember it from 1 to 10.

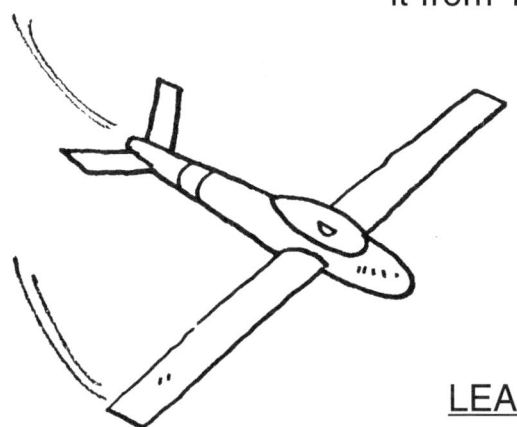

LEARN

1	x	1	=	**1**
2	x	1	=	**2**
3	x	1	=	**3**
4	x	1	=	**4**
5	x	1	=	**5**
6	x	1	=	**6**
7	x	1	=	**7**
8	x	1	=	**8**
9	x	1	=	**9**
10	x	1	=	**10**

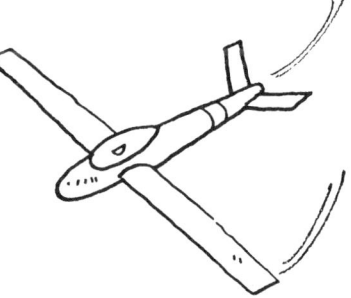

1 times table

Now you can practise and test yourself.
Fill in the answers on this table.

PRACTISE

1 x 1 =
9 x 1 =
2 x 1 =
5 x 1 =
4 x 1 =
3 x 1 =
7 x 1 =
8 x 1 =
6 x 1 =
10 x 1 =

2 times table

Learn the 2 times table so that you can remember it from 1 to 10.

LEARN

1	x 2	=	2
2	x 2	=	4
3	x 2	=	6
4	x 2	=	8
5	x 2	=	10
6	x 2	=	12
7	x 2	=	14
8	x 2	=	16
9	x 2	=	18
10	x 2	=	20

2 times table

Now you can practise and test yourself. Fill in the answers on this table.

PRACTISE

7 x 2 =
1 x 2 =
9 x 2 =
3 x 2 =
5 x 2 =
10 x 2 =
6 x 2 =
2 x 2 =
8 x 2 =
4 x 2 =

3 times table

Learn the 3 times table so that you can remember it from 1 to 10.

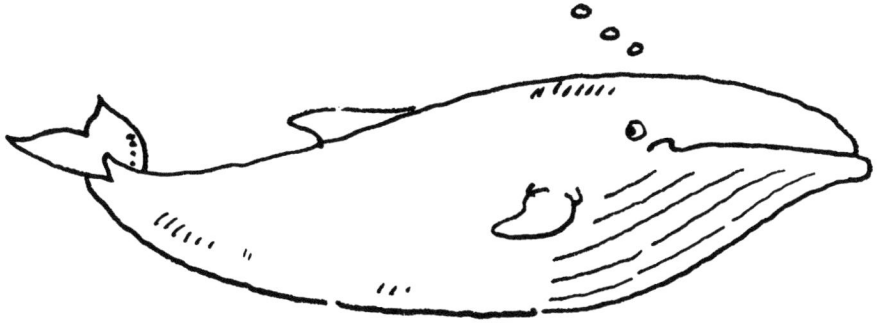

LEARN

1 x 3	=	3
2 x 3	=	6
3 x 3	=	9
4 x 3	=	12
5 x 3	=	15
6 x 3	=	18
7 x 3	=	21
8 x 3	=	24
9 x 3	=	27
10 x 3	=	30

3 times table

Now you can practise and test yourself. Fill in the answers on this table.

PRACTISE

1 x 3 =
9 x 3 =
3 x 3 =
6 x 3 =
5 x 3 =
7 x 3 =
4 x 3 =
10 x 3 =
2 x 3 =
8 x 3 =

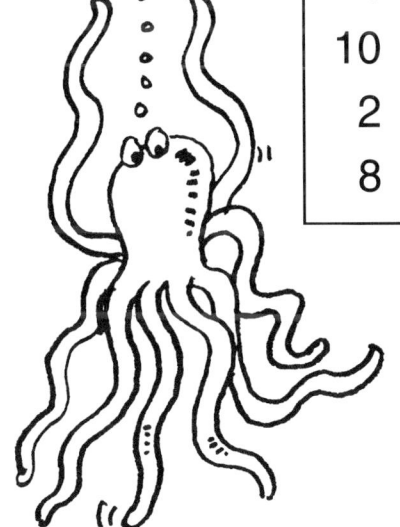

4 times table

Learn the 4 times table so that you can remember it from 1 to 10.

<u>LEARN</u>

1	x 4	=	**4**
2	x 4	=	**8**
3	x 4	=	**12**
4	x 4	=	**16**
5	x 4	=	**20**
6	x 4	=	**24**
7	x 4	=	**28**
8	x 4	=	**32**
9	x 4	=	**36**
10	x 4	=	**40**

4 times table

Now you can practise and test yourself. Fill in the answers on this table.

PRACTISE

10 x 4 =
1 x 4 =
8 x 4 =
3 x 4 =
5 x 4 =
7 x 4 =
9 x 4 =
2 x 4 =
4 x 4 =
6 x 4 =

5 times table

Learn the 5 times table so that you can remember it from 1 to 10.

<u>LEARN</u>

1	x	5	=	**5**
2	x	5	=	**10**
3	x	5	=	**15**
4	x	5	=	**20**
5	x	5	=	**25**
6	x	5	=	**30**
7	x	5	=	**35**
8	x	5	=	**40**
9	x	5	=	**45**
10	x	5	=	**50**

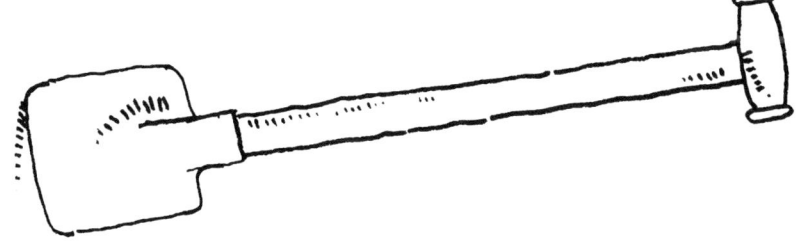

5 times table

Now you can practise and test yourself. Fill in the answers on this table.

PRACTISE

9 x 5 =
7 x 5 =
2 x 5 =
6 x 5 =
4 x 5 =
10 x 5 =
5 x 5 =
3 x 5 =
8 x 5 =
1 x 5 =

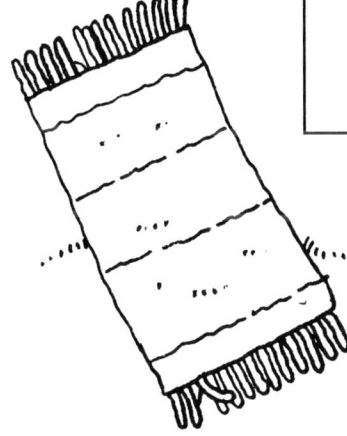

6 times table

Learn the 6 times table so that you can remember it from 1 to 10.

LEARN

1	x	6	=	**6**
2	x	6	=	**12**
3	x	6	=	**18**
4	x	6	=	**24**
5	x	6	=	**30**
6	x	6	=	**36**
7	x	6	=	**42**
8	x	6	=	**48**
9	x	6	=	**54**
10	x	6	=	**60**

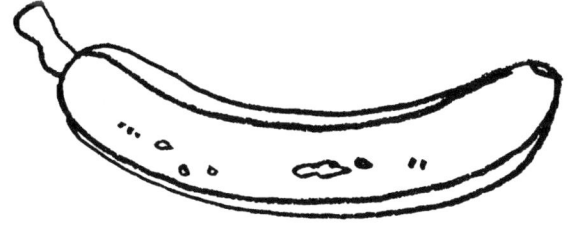

6 times table

Now you can practise and test yourself. Fill in the answers on this table.

PRACTISE

9 x 6 =
1 x 6 =
3 x 6 =
8 x 6 =
5 x 6 =
7 x 6 =
6 x 6 =
2 x 6 =
10 x 6 =
4 x 6 =

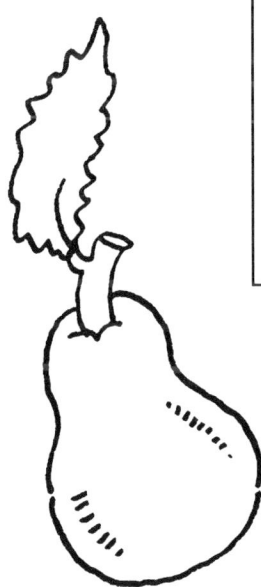

7 times table

Learn the 7 times table so that you can remember it from 1 to 10.

LEARN

1	x	7	=	**7**
2	x	7	=	**14**
3	x	7	=	**21**
4	x	7	=	**28**
5	x	7	=	**35**
6	x	7	=	**42**
7	x	7	=	**49**
8	x	7	=	**56**
9	x	7	=	**63**
10	x	7	=	**70**

7 times table

Now you can practise and test yourself. Fill in the answers on this table.

PRACTISE

1 x 7 =
8 x 7 =
5 x 7 =
4 x 7 =
7 x 7 =
3 x 7 =
6 x 7 =
10 x 7 =
2 x 7 =
9 x 7 =

8 times table

Learn the 8 times table so that you can remember it from 1 to 10.

LEARN

1	x	8	=	**8**
2	x	8	=	**16**
3	x	8	=	**24**
4	x	8	=	**32**
5	x	8	=	**40**
6	x	8	=	**48**
7	x	8	=	**56**
8	x	8	=	**64**
9	x	8	=	**72**
10	x	8	=	**80**

8 times table

Now you can practise and test yourself. Fill in the answers on this table.

PRACTISE

8 x 8 =
2 x 8 =
9 x 8 =
3 x 8 =
5 x 8 =
7 x 8 =
1 x 8 =
6 x 8 =
4 x 8 =
10 x 8 =

9 times table

Learn the 9 times table so that you can remember it from 1 to 10.

LEARN

1	x	9	=	**9**
2	x	9	=	**18**
3	x	9	=	**27**
4	x	9	=	**36**
5	x	9	=	**45**
6	x	9	=	**54**
7	x	9	=	**63**
8	x	9	=	**72**
9	x	9	=	**81**
10	x	9	=	**90**

9 times table

Now you can practise and test yourself. Fill in the answers on this table.

PRACTISE

3 x 9 =
1 x 9 =
2 x 9 =
10 x 9 =
6 x 9 =
5 x 9 =
7 x 9 =
9 x 9 =
8 x 9 =
4 x 9 =

10 times table

Learn the 10 times table so that you can remember it from 1 to 10.

LEARN

1	x 10 =	**10**
2	x 10 =	**20**
3	x 10 =	**30**
4	x 10 =	**40**
5	x 10 =	**50**
6	x 10 =	**60**
7	x 10 =	**70**
8	x 10 =	**80**
9	x 10 =	**90**
10	x 10 =	**100**

10 times table

Now you can practise and test yourself. Fill in the answers on this table.

PRACTISE

6 x 10 =
1 x 10 =
10 x 10 =
3 x 10 =
8 x 10 =
5 x 10 =
2 x 10 =
7 x 10 =
9 x 10 =
4 x 10 =

Exercises

Now do these exercises - look carefully before you put the answers in. You can check by looking back at the tables.

3 x 4 =	10 x 7 =
4 x 6 =	3 x 10 =
5 x 8 =	2 x 7 =
6 x 3 =	4 x 9 =

Exercises

Now do these exercises - these are more difficult.
Check the answers on page 48.

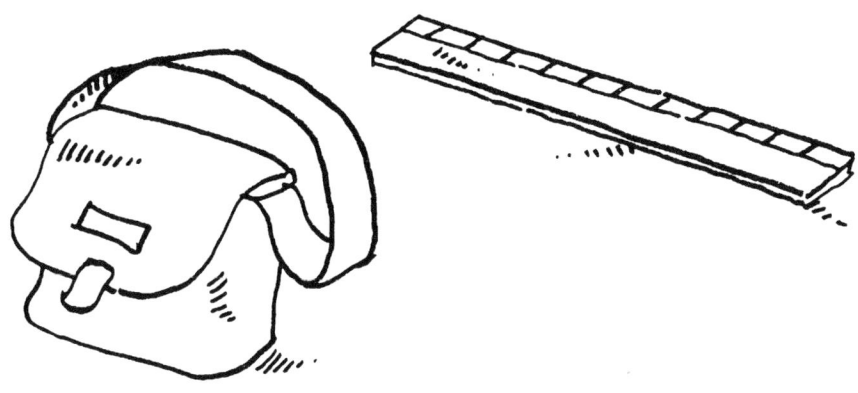

3 x 4 =	6 x 2 =	2 x 10 =
+ 4 x 3 =	+ 8 x 3 =	+ 10 x 3 =
total =	total =	total =

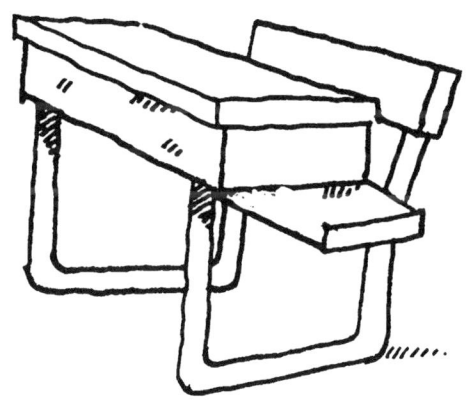
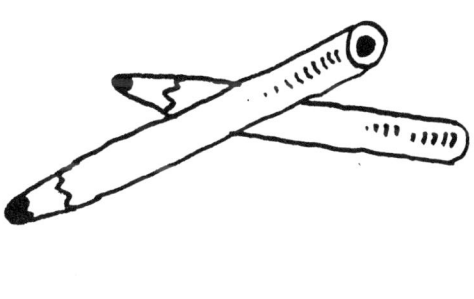

Answers

1 **Secret code - mark 1**
2 apple tree
3 dog kennel
4 teddy bear

5 **Secret code - mark 2**
6 dog sky net
7 cats dogs pets
8 house chair table

9 **Secret code - mark 3**
10 rose pansy daisy
11 three + four = seven
12 How old are you?

13 **Secret code - mark 4**
14 cheese apples potatoes jam butter
15 stars trees house spoon
16 five x four = twenty
   seven + three + two = twelve

17 **Secret code - mark 5**
18 See you at the football pitch on Sunday morning
19 duck ship ring kite bear moon
20 beech oak willow elm

21 **Secret code - mark 6**
22 Meet me at noon by the bus stop
23 cow pig hen sheep tractor fields

Page 25
1 times table

1 x 1 = 1
9 x 1 = 9
2 x 1 = 2
5 x 1 = 5
4 x 1 = 4
3 x 1 = 3
7 x 1 = 7
8 x 1 = 8
6 x 1 = 6
10 x 1 = 10

Page 29
3 times table

1 x 3 = 3
9 x 3 = 27
3 x 3 = 9
6 x 3 = 18
5 x 3 = 15
7 x 3 = 21
4 x 3 = 12
10 x 3 = 30
2 x 3 = 6
8 x 3 = 24

Page 33
5 times table

9 x 5 = 45
7 x 5 = 35
2 x 5 = 10
6 x 5 = 30
4 x 5 = 20
10 x 5 = 50
5 x 5 = 25
3 x 5 = 15
8 x 5 = 40
1 x 5 = 5

Page 27
2 times table

7 x 2 = 14
1 x 2 = 2
9 x 2 = 18
3 x 2 = 6
5 x 2 = 10
10 x 2 = 20
6 x 2 = 12
2 x 2 = 4
8 x 2 = 16
4 x 2 = 8

Page 31
4 times table

10 x 4 = 40
1 x 4 = 4
8 x 4 = 32
3 x 4 = 12
5 x 4 = 20
7 x 4 = 28
9 x 4 = 36
2 x 4 = 8
4 x 4 = 16
6 x 4 = 24

Page 35
6 times table

9 x 6 = 54
1 x 6 = 6
3 x 6 = 18
8 x 6 = 48
5 x 6 = 30
7 x 6 = 42
6 x 6 = 36
2 x 6 = 12
10 x 6 = 60
4 x 6 = 24

Page 37
7 times table
1 x 7 = 7
8 x 7 = 56
5 x 7 = 35
4 x 7 = 28
7 x 7 = 49
3 x 7 = 21
6 x 7 = 42
10 x 7 = 70
2 x 7 = 14
9 x 7 = 63

Page 41
9 times table
3 x 9 = 27
1 x 9 = 9
2 x 9 = 18
10 x 9 = 90
6 x 9 = 54
5 x 9 = 45
7 x 9 = 63
9 x 9 = 81
8 x 9 = 72
4 x 9 = 36

Page 44
3 x 4 = 12
10 x 7 = 70
4 x 6 = 24
3 x 10 = 30
5 x 8 = 40
2 x 7 = 14
6 x 3 = 18
4 x 9 = 36

Page 39
8 times table
8 x 8 = 64
2 x 8 = 16
9 x 8 = 72
3 x 8 = 24
5 x 8 = 40
7 x 8 = 56
1 x 8 = 8
6 x 8 = 48
4 x 8 = 32
10 x 8 = 80

Page 43
10 times table
6 x 10 = 60
1 x 10 = 10
10 x 10 = 100
3 x 10 = 30
8 x 10 = 80
5 x 10 = 50
2 x 10 = 20
7 x 10 = 70
9 x 10 = 90
4 x 10 = 40

Page 45
3 x 4 = 12
4 x 3 = 12
Total   = 24

6 x 2 = 12
8 x 3 = 24
Total   = 36

2 x 10 = 20
10 x 3 = 30
Total   = 50